Kein bisschen sherlockstreng geheim:
für meine Lieblingsheld*innen Siri und Henri. (M. O.)

Für Marlene und Frieda. (A. S.)

©2023 Carlsen Verlag GmbH, Völckersstraße 14–20, 22765 Hamburg
Text: Madlen Ottenschläger
Illustrationen: Andrea Stegmaier
Madlen Ottenschläger wird vertreten von Agentur Brauer (Agentin: Ulrike Schuldes)
Lektorat: Marlen Bialek
Herstellung: Derya Yildirim
ISBN 978-3-551-52206-1

Carlsen-Bücher gibt es überall im Buchhandel und unter www.carlsen.de

Madlen Ottenschläger

IN DER SAVANNE STIMMT WAS NICHT!

Mit Bildern von Andrea Stegmaier

Inhalt

Montag

Das ist Leonie Löwe. Leonie hat ihren Detektivinnenhut auf dem Kopf und ihre Ich-entdecke-alles-Lupe in der Hand. Kein Geheimnis ist vor ihr sicher! Wenn in der Savanne etwas nicht stimmt, löst das Löwenmädchen das Rätsel. Und tatsächlich – in der Savanne stimmt was nicht. Sonst wäre diese Geschichte am Anfang auch schon zu Ende. Sie geht aber erst los! Bist du dabei?

3

Dann blättere um!

Noch weiß Leonie ÜBERHAUPT nicht, dass sie ein Rätsel erwartet. Denn diese Geschichte beginnt an einem ganz normalen Morgen. Und wie es sich für einen ganz normalen Morgen in der Savanne gehört, spickt die Sonne über die Savannenfelsen und kitzelt die roten Pavian-Popos. Doch das interessiert Leonie kein bisschen.

Leonie liegt in ihrem Löwenbett aus Akazienholz und schnarcht motorsägenlaut. Für eine Löwin ist das natürlich immer noch ziemlich leise. Auch Emma und Anton schnarchen, aber das hört man kaum. Sie schnarchen so leise wie Glüh-würmchen. Denn Emma und Anton, das hast du bestimmt schon erraten, sind Glühwürmchen. Die beiden wohnen auf Leonies Nachttisch. Sie sind nachts wach und schlafen sofort ein, wenn die Sonne scheint.

Abends, wenn Papa Löwe Leonie eine Gutenachtgeschichte vorliest: Zack, Glühwürmchenlicht an.

Nachts, wenn Leonie aufs Klo tapst: Zack, Glühwürmchenlicht an.

Doch sobald die Sonne durch die gelben Vorhänge der Löwen-höhle blinzelt: Zack, Glühwürmchenlicht aus.

So einfach ist das. Aber etwas anderes ist kein bisschen ein-fach.

»Leonie, aufstehen!«

Leonie ruckt und zuckt. Na, wer ruft denn da? Leonie weiß es genau. Und weil sie es so genau weiß, guckt sie nicht, und auf-stehen kommt schon gleich dreimal nicht infrage. Vielmehr zieht sie die kuschelige Decke fix über ihren Kopf und döst weiter. Nützt aber nichts.

Denn nun steht Mama Löwe neben Leonies Bett, ruft ein zweites Mal: »Leonie, aufstehen!«, und zupft und rupft an Leo-nies Decke. Doch das Löwenmädchen denkt überhaupt nicht daran. Sie ist noch müde bis in die kleine Zehenkralle unten

rechts. Da *kann* sie nicht aufstehen, das ist doch logisch! Leonie
kneift die Augen zu und träumt. Sie träumt, dass sie ins Weltall
fliegt. Als erste Löwonautin der Savanne! Sie landet auf dem
Mars, trinkt mit den grün-gelb gestreiften Marslöwen Akazien-
Tee und …

»LEONIE!«

Boah, ist das laut! Vor Schreck fällt Leonie die Traum-Tee-
tasse aus der Kralle. Leonie setzt sich hin, reißt erschrocken die
Augen auf, doch egal wie angestrengt sie guckt, es bleibt dunkel.

Das macht natürlich die Decke über Leonies Löwenkopf! Und so sieht das Löwenmädchen nicht, was jetzt Abenteuerliches in ihrem Zimmer geschieht: Neben Mama Löwe steht Papa Löwe – er war es, der eben so laut gebrüllt hat – und hält in seinen Tatzen: ein riesiges Ungetüm.

Das Ungetüm ist rot. Und es ist groß. Es ist so groß, dass es fast das ganze Leonie-Zimmer ausfüllt.

Es ist … eine knallrote Badewanne!

Ja, wirklich!

Die Badewanne war ein Geschenk des Savannenforschers Löwenguck. Herr Löwenguck wollte eigentlich einen Film über Papa Löwe drehen. Aber dann kam es ganz anders: Wie jeder Löwe macht auch Papa Löwe jeden Tag einen Mittagsschlaf. Er liegt dann bewegungslos wie ein mittelgroßer Stein HINTER einem riesengroßen Stein und träumt vor sich hin.

So hielt er es auch an dem Tag, als Herr Löwenguck ihm die Badewanne schenkte. Was Papa Löwe aber nicht wusste: Auch Herr Löwenguck machte Pause, und zwar VOR dem riesen-großen Stein. Dort stellte er die knallrote Badewanne auf. Dann: Kamera aus, Mittagsruhe! Herr Löwenguck zog sich splitter-menschennackig aus, kippte eine ganze Flasche »Savannenbade-zauber« in das Badewasser und sprang mit einem Popo-Platscher in die Wanne.

Dort wusch er sich vorbildlich, sogar zwischen den Zehen und hinter den Ohren, planschte vergnügt vor sich hin und sang aus vollem Hals:

Ich bade mit viel Schaum.
Das ist mein schönster Traum.
Es macht mich froh und heiter.
Oje, ich weiß nicht weiter.

Allerdings kam das Weiter so SCHIEF aus Herrn Löwengucks Mund, dass die Hörner der Gazellen wackelten und sich die Mähnen der Zebras vor Schreck aufstellten. Auch Papa Löwe fuhr erschrocken hoch.

»Was war das?«, rief er. Wütend guckte er sich um.
»Natürlich, die verflixten Hyänen!«, schimpfte er dann. »Sie
feiern schon wieder Geburtstag! Und ausgerechnet während
meiner Mittagspause trällern sie das verflixte Geburtstagslied!«

Hyänen, aber das weißt du vielleicht schon, feiern für
ihr Leben gern. Sie haben deshalb auch jeden dritten Tag
Geburtstag. Halt, stopp, da musst du jetzt überhaupt nicht
neidisch sein. Geschenke gibt es nämlich trotzdem nur
einmal im Jahr. Aber ein Geburtstagslied, das gibt es jeden
dritten Tag. Allerdings können Hyänen nicht einfach nur
schlecht singen, sie können überhaupt gar nicht singen.
Aus diesem Grund solltest du dich einem Hyänengeburtstag

immer nur und ausschließlich mit Ohrstöpseln in den Ohren nähern, alte Savannen-Regel.

Doch Papa Löwe hatte weder Ohrstöpsel in den Ohren noch hatte er, der Chef der Savanne, die Hyänenparty genehmigt! Löwenteufelswütend erhob er sich. »Die können was erleben!«, grollte der Großlöwe. »Mich, den König der Savanne, beim Mittagsschlaf zu stören!«

Mit vor Zorn funkelnden Augen und weit aufgerissenem Maul rannte Papa Löwe um den riesengroßen Stein. Doch da feierten überhaupt keine Hyänen! Da lag Herr Löwenguck in einer knallroten Badewanne.

»Ach, nur der olle Löwenguck«, murmelte Papa Löwe und schämte sich ein wenig, dass er die Hyänen verdächtigt hatte.

Freundlich nickte er dem badenden Savannenforscher zu, brummte einmal und guckte dabei Herrn Löwenguck tief in die Augen. Da er noch sehr müde war, gähnte er ausgiebig, wobei er seine prachtvollen Reißzähne entblößte.

Auch Herr Löwenguck guckte Papa Löwe tief in die Augen. Aber nur einen Moment, dann rutschte sein Blick nach unten und er schaute in Papa Löwes weit aufgerissenes Maul.

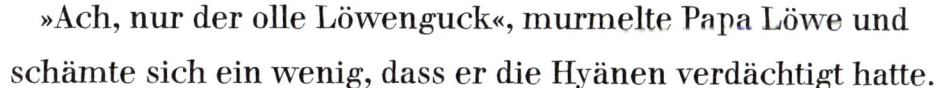

»Hilfe!«, brüllte Herr Löwenguck. »Hiiiiilfe! Der Löwe will mich fressen!«

Bevor Papa Löwe das Missverständnis aufklären konnte, sprang der Savannenforscher aus seiner knallroten Badewanne und rannte davon. Papa Löwe sah nur noch eine Staubwolke und mitten in der Staubwolke einen schaumigen Nackig-Popo, der zwischen Affenbrotbäumen und Dornbüschen verschwand.

Papa Löwe wartete. Doch weil der schaumige Nackig-Popo und mit ihm Herr Löwenguck drei Tage später immer noch nicht zurückgekommen waren, zuckte der Großlöwe die Achseln, lud die Badewanne, die also offensichtlich ein Geschenk war, auf seine Tatzen und trug sie zur Löwenhöhle. Dort schrubbte er sie mit ordentlich Lavendel sauber. Sicher war sicher. Vielleicht hatte Herr Löwenguck manchmal heimlich beim Baden gepupst?

So, jetzt weißt du, warum Familie Löwe eine knallrote Badewanne besitzt. Was du aber nicht weißt, ist, warum Papa Löwe mit der knallroten Badewanne so früh am Morgen in Leonies Zimmer steht.

Kein Sorge, ich verrate es dir!

Leonie liegt ganz still unter ihrer Decke und schnuppert. Plötzlich macht Leonies Bauch einen Glückspurzler. »Badewannentag!«, ruft das Löwenmädchen, reißt sich die Decke vom Kopf und hüpft – wusch – aus dem Bett.

Badewannentag?

Ja, Badewannentag. Aber ohne Plitschen und Planschen. Ohne Spritzen und Tauchen. Denn am Badewannentag kommt kein Löwe *in* die Wanne. Aber etwas kommt *aus* der Wanne. Denn am Badewannentag gibt es ...

»Schokopudding zum Frühstück!«, jubelt Leonie und tanzt vor Freude quer durchs Löwenkinderzimmer.

»Schokopudding zum Frühstück«, bestätigt Papa Löwe schmunzelnd. »Heute mit Gummibärchenspitze, Bonbonfüllung und Kekssoße. Nam, nam, nam, nam.«

Mama, Papa und Leonie spurten in die Küche. Dort angekommen, wuchtet Papa Löwe die knallrote Badewanne auf den Ess-Stein.

Mama Löwe öffnet den Schrank, greift nach den rot-weiß gestreiften Tischdecken und bindet sie Leonie, Papa Löwe und sich selbst um den Hals. Sie kennt natürlich ihre Sabber-Heimer, und besonders Papa Löwe isst echt löwenmäßig.

Leonie verteilt die Löffel. Sie sind aus Affenbrotbaumstämmen und groß wie Schaufeln. Nein, nein, keine Sandkastenschaufeln Baustellen-Schaufeln!

»Guten Appetit!«, sagt Leonie.

»Guten Appetit!«, antworten Mama und Papa Löwe. Dann geht's los.

Genüsslich schmatzend taucht Leonie ihren Löffel in den Pudding und lässt die kleckso-fantastische Schokomasse in ihrem Maul verschwinden. »Himmlisch!«, ruft das Löwenmädchen.

Mama Löwe pflückt die Gummibärchenspitze ab, hält sie über ihr Maul und schnappt danach. »Herrlich!«, ruft die Großlöwin.

Papa Löwe lutscht an der Bonbonfüllung. »Leckerschmecker!«, ruft der Großlöwe.

Pssst, ich verrate dir etwas. So gut geht es den Savannen-Löwen nicht jeden Morgen. Aber jeden Montagmorgen, und das hat einen Grund. Du weißt vielleicht schon, dass der Montag nach dem Sonntag kommt. Damit ist der Montag der erste Tag nach dem Wochenende. Und nach dem Wochenende …

»… fällt das Aufstehen noch viel oberlöwenschwerer als an allen anderen Tagen«, seufzt Leonie.

Geht es dir vielleicht auch so? Nun, in der Savanne gibt es einen Trick. Montags gibt es dort kein Frühstück, sondern ein Freustück. Das ist so lecker, dass Leonie schneller aus dem Bett hüpft als die Savannen-Affen auf die Bäume.

An den anderen Tagen: Stinkepilzmüsli mit Moskito-Knödeln. Natürlich auch oberlecker. (Okay, vielleicht nur für Löwen, oder hättest du ein Stinkepilzmüsli gerne zum Frühstück? Nein? Hm.) Aber auch für Löwen kommt Stinkepilzmüsli nicht gegen Schokopudding an.

Und deshalb sitzen Leonie, Mama und Papa nun ziemlich gut gelaunt um den Ess-Stein, tauchen ihre Löffel immer und immer wieder in die Badewanne und futtern sie ratzeleer. Nicht ein Klecks bleibt übrig! Oder doch? Mama Löwe kichert und zeigt auf Leonies Nasenspitze. Aber auch der Schokoklecks verschwindet im Nullpuddingnix in Leonis Löwenmaul.

Satt und glücklich verschwindet Leonie im Bad. Zähne putzen! Zweimal hin, zweimal her.

»So, fertig«, entscheidet Leonie.

»Fertig?«, fragt Papa Löwe. Auf seiner Stirn erscheint eine Querfalte. Dann zieht er eine Augenbraue hoch. Dann schüttelt er missbilligend seine prächtige Löwenmähne. Natürlich hat der Großlöwe seine Augen einfach überall. Er hat genau beobachtet, dass Leonie viel zu kurz geputzt hat, und auch das Nachputzen ist ausgefallen. »So geht das aber nicht, Leonie«, sagt Papa Löwe streng, nimmt seiner Tochter die Warzenschweinborsten-Zahnbürste aus der Hand und ruft: »Sassi, es ist Zeit für deinen Einsatz!«

Auf dieses Kommando hin schiebt sich ein schrumpeliger Kopf aus einem Reptilien-Panzer, nickt zeitlupenlangsam und wispert: »Ich bin bereit, Chef.« Der schrumpelige Kopf gehört Sassi. Sassi ist eine Schildkröte und eigentlich, wie sich das für Schildkröten gehört, nicht in der Savanne zu Hause, sondern in den Subtropen.

Eines Tages aber hatte Sassi einen Spaziergang gemacht – 43.329 Mal um die linke Ecke, 24.859 Mal um die rechte Ecke – und, schwupps, hatte sie in der Savanne gestanden. Dort gefiel es ihr so gut, dass sie nicht mehr nach Hause wollte und ins Badezimmer von Familie Löwe zog. Nun, vielleicht war Sassi der Rückweg auch einfach zu anstrengend. Zumindest wohnte Sassi nun bei Familie Löwe – und das war ein Glück. Denn Sassi konnte zählen.

Das kann Leonie zwar auch, aber nur bis 21.

Papa Löwe kommt löwenfehlerfrei immerhin bis 30, doch dann verhaspelt er sich ständig: »30, 32, nein, 31, nein, 32. Hä? Egal, noch mal von vorn! 1, 2, 3 …«

Mama Löwe zählt bis 55, dann aber schafft sie es nicht weiter: »55, 55, 55, 55.«

Hm, denkst du jetzt vielleicht. *Natürlich sollte man zählen können. Aber morgens im Bad? Da braucht das doch kein Mensch und erst recht kein Löwenkind!*

Oje, da irrst du dich aber! Vielleicht weißt du es schon: Zähne wollen immer volle drei Minuten geputzt werden. Und drei Minuten, das sind 180 Sekunden. Oder für Löwenkinder, die keine Uhr haben: schildkrötenkorrekt bis 180 zählen.

Kann Leonie nicht.

Kann auch Papa Löwe nicht.

Kann nicht einmal Mama Löwe.

In der Vergangenheit führte das zu fiesen Zahnputz-Problemen. Immer wieder putzte Papa Löwe Leonie so kurz nach, »29, 30, 33, fertig!«, dass Leonies Fangzähne nach dem Putzen noch total stinkepilzmüsligrün waren. Da drohte Karies. Nicht gut. Wollte niemand.

Doch es kam noch schlimmer. Einmal putzte Mama Löwe Leonie einen ganzen Tag und eine ganze Nacht die Zähne. »55, 55, 55, 55«, murmelte Mama Löwe ohne Unterlass. Als am Morgen die Sonne aufging, schrubbte und putzte, bürstete und wischte Mama Löwe noch immer. Und Leonie hatte eine Mundstarre. Maul offen, nicht mehr verschließbar.

Papa Löwe blieb nicht anderes übrig, als Zora Zebra um Hilfe zu bitten. Zora ist die Zahnärztin der Savanne. Und als solche versteht sie ihren Job. Zora ließ Gabi Gazelle, ihre Assistentin, ein Fläschchen öffnen. Vorsichtig träufelte sie die Medizin auf Leonies Wangen und massierte die kostbaren Tropfen sanft ein. Mundstarre weg, Löwenmaul zu. Doch als Gegenleistung durften Mama und Papa Löwe eine Woche lang keine Zebras jagen. Nicht gut. Wollte niemand. (Nun gut, vielleicht die Zebras, aber um deren Meinung ging es Mama und Papa Löwe in diesem Moment nicht.)

Du verstehst sicher, dass die beiden Großlöwen solcherlei Probleme vermeiden wollten. Also zog Sassi in die Löwenhöhle und übernahm das Zahnputz-Zählen.

Und das macht Sassi auch jetzt: »1, 2, 3 …«, zählt die Schildkröte und ruft dann, nach exakt 3 Minuten: »180 - und fertig!«

»Und fertig!«, ruft auch Leonie, flitzt aus dem Bad, fischt ihre
Schultasche vom Boden, und dann – wusch – nichts wie los.

Du siehst: Es ist ein ganz normaler Montagmorgen bei Familie
Löwe. Von wegen in der Savanne stimmt was nicht, pah!

Und ganz normal geht es auch weiter.

Denn Leonie flitzt zu Luis Löwe. Luis ist Leonies bester
Freund, er wohnt in der Nachbarhöhle, und wie jeden Morgen

sind die beiden Löwenkinder auch heute superspät dran. Los, los, sonst fängt die Schule ohne euch an! Die zwei spurten los. Trotzdem biegen Leonie und Luis erst exakt in dem Moment um die Schul-Dornenhecke, als Ring, der Schulglocken-Affe, schon die Kokosnüsse aufeinanderschlägt: *DONG, DONG, DONG,* Schulstart!

»Das war knapp!«, presst Leonie durch die Reißzähne und plumpst nach Luft schnappend auf den Schulboden.

Frau Löwenstreng, die Lehrerin, hebt eine Augenbraue. Dann brummt sie zweimal gebieterisch, und es geht los. Leider mit einer ziemlich schweren Aufgabe: »Heute zählen wir Pavian-Popos«, sagt Frau Löwenstreng. Alle Löwenkinder stöhnen. Dann Pavian-Popos zählen ist superschwierig. Paviane hüpfen ja unablässig von Baum zu Baum. Kaum zählt Leonie auf einem Baum drei Popos, hüpft ein vierter Popo HINAUF und der erste Popo HERUNTER.

»Fünf«, zählt Leonie. »Nein, vier, nein drei, nein sechs. So ein Mist! Ich wünschte, wir würden Schnecken zählen!«, schimpft das Löwenmädchen.

»Oder Schildkröten«, wispert Luis. »Das wäre sogar doppelt gut, denn die Schild-kröten können sich selbst zählen.«

»Ruhe!«, mahnt Frau Löwenstreng. »Luis und Leonie, ihr sollt zählen. Nicht flüstern!« Die beiden ziehen die Köpfe ein und zählen weiter.

Doch irgendwann ist auch diese Unterrichtsstunde zu Ende und Leonie und Luis gehen nach Hause.

In der Löwenhöhle wuchtet Papa Löwe gerade das Mittagessen auf den Ess-Stein. »Rate, was ich Leckeres gekocht habe!«, sagt er freudig, als er Leonie entdeckt. Doch Leonies Antwort wartet der Großlöwe kein bisschen ab. Er schiebt sofort nach: »Es gibt Savannengras-Schleimsuppe mit Affenbrotbaumstückchen und gesalzenen Sandflöhen, nam, nam, nam, nam.« Voller Vorfreude leckt er sich die Löwenlippen.

Leonie aber lässt die Schultern hängen. *Savannengras-Schleimsuppe mit Affenbrotbaumstückchen und gesalzenen Sandflöhen, oooh neee, da gibt es echt Leckereres*, denkt das Löwenmädchen. *Manche Tage fangen besser an, als sie dann weitergehen.* Das kennst du sicherlich auch. Doch als Leonie losisst, schmeckt es eigentlich doch ganz gut.

Nach dem Essen macht Leonie Hausaufgaben. Dann spielt sie mit Luis. Danach: Abendessen, Zähneputzen, gute Nacht.

Das war der Montag.

Und auf den Montag folgt der …

Dienstag

Und jetzt fängt es an, seltsam zu werden in der Savanne.

Als am Morgen die Sonne über die Savannenfelsen spickt, huscht ein Schatten in Leonies Zimmer. Der Schatten flitzt zum Fenster, fährt seine Krallen aus und reißt mit einem kräftigen Schwung der rechten Tatze die gelben Vorhänge auf.

»Aufstehen, Leo…!«, brüllt Papa Löwe. Weiter kommt er nicht. Mitten im Wort erstarrt das Großlöwen-Maul. Papa Löwe sieht plötzlich aus, als wäre er eine Steinfigur. Doch dann dehnen sich seine Backen wie Kaugummi und nun ähnelt er einem Breitmaulfrosch.

»Auuuuuaaaa!«, brüllt Papa Löwe.

»Auuuuuaaaa!« Sein Geschrei ist so laut, dass Anton und Emma vor Schreck vom Nachttisch purzeln, in der Luft Saltos machten, dabei mit den Köpfen zusammenknallen und unsanft und mit Brummschädeln auf dem Boden landen.

Auch Leonie reißt erschrocken die Augen auf. »Was ist los? Was tut dir weh? Was ist passiert?«, fragt das Löwenmädchen.

Natürlich könnte Papa Löwe Leonie nun erzählen, warum er löwenteufelswild geschmerzbrüllt hat. Aber, pssst, ich verrate dir etwas: Papa Löwe möchte nicht, dass Leonie den Grund kennt. Er schämt sich.

Also starrt er bloß vor sich hin und macht: »Hm.« Und dann noch einmal: »Hm.« Und dann noch einmal: »Hm.« Plötzlich hat Papa Löwe eine Idee. »Mein Bauch zwickt!«, behauptet der Großlöwe. »Und zwar vor Hunger! Ich muss jetzt sofort und unmittelbar ein Stinkepilzmüsli essen!«

Das ist gelogen, das weißt du, und vielleicht weiß Leonie es auch? Das Löwenmädchen guckt nämlich ziemlich überrascht, doch bevor sie detektivinnengenau nachfragen kann, singt Papa Löwe aus vollem Löwenhals:

»Löwenfurz und Löwenkuss,

mit dem Schlafen ist jetzt Schluss,

Stinkepilzmüsli muss jetzt sein.

Denn sonst schreit mein Bauchilein,

mein supertolles …«

»…Warzenschwein!«, dichtet Leonie und kichert.

»… Löwilein, wollte ich singen«, erklärt Papa Löwe. »Aber Warzenschwein gefällt mir besser.«

Leonie grunzt dreimal warzenschweinig. Kannst du das auch?

Dabei muss sie so lachen, dass sie aus dem Bett fällt. Tut aber nicht weh. Und da Leonie jetzt nicht nur wach, sondern auch schon aus dem Bett ist, gähnt sie herzhaft und flitzt dann mit Papa Löwe in die Küche.

Dort füllt Mama Löwe gerade Stinkepilzmüsli in drei Regentonnen, die den Löwen als Frühstücksschalen dienen. »Guten Morgen, Lieblingslöwen«, ruft die Großlöwin, verteilt Löwenküsse (einmal auf die Stirn, einmal hinter das linke Ohr, einmal vor das rechte Ohr) und bestimmt: »Tischdecken um den Hals!« Ordnung muss sein.

Leonie lässt sich auf ihren Hocker plumpsen, reißt das Maul auf, schaufelt Stinkepilzmüsli hinein und schmatzt so genüsslich wie Mama und Papa Löwe.

Doch Moment, was ist das? Es schmatzen überhaupt nicht alle. Papa Löwe stochert nur lustlos im Stinkebrei.

Dabei hat er doch eben noch vor Hunger gebrüllt! Leonie, denkt detektivinnenscharf: *Da stimmt was nicht!*

Aber bevor Leonie nachfragen kann, klopft es an der Tür und Luis steht in der Löwenküche. Natürlich sind die Löwenkinder löwenspät dran.

Daher: Husch, husch, aufessen! Anziehen. Zähne putzen. Und dann nichts wie los.

In der ersten Stunde steht heute Löwisch auf dem Stundenplan. Luis und Leonie brüllen das Alphabet.

In der zweiten Stunde: Sport. Frau Löwenstreng zeigt den Kindern, wie man durch einen Reifen springt. Das sieht ein bisschen lustig aus, denn Frau Löwenstreng ist nicht so löwensportlich wie sie glaubt.

Dritte, vierte und fünfte Stunde: Savannenchor. Leider singen auch die Hyänen mit. Aber das ist weniger schlimm, als es klingt. Denn einerseits singen Löwen nicht besser, und andererseits klingen Töne weniger schief, wenn es die eigenen sind. Probiere es ruhig mal aus.

Und dann ist die Schule auch schon aus und Luis und Leonie rennen nach Hause.

Oder besser: Sie *wollen* nach Hause rennen. Denn auf halber Strecke machen die beiden plötzlich große Augen. Vor dem achten Busch links, unter dem Affenbrotbaum, steht ein Zebra und guckt einem Geparden ins Maul!

»Zora Zebra!«, wispert Leonie.

Oh nein, möchtest du jetzt sicher rufen, lauf, Zora, lauf, oder der Gepard frisst dich auf!

Doch keine Sorge. Auch wenn es nicht so aussieht: Du musst um Zora keine Angst haben. Zora ist nicht in Gefahr. Denn heute ist Dienstag. Und dienstags ist in der Savanne immer große Zahnsprechstunde.

Zora-ich-stecke-meinen-Kopf-gleich-ins-Gepardenmaul-Zebra erledigt in diesem Moment also nur ihren Job. Und das macht auch Gabi Gazelle, Zoras Assistentin. Direkt neben Zora hat sie einen Tisch aufgebaut und schaut jedes Tier, das vor ihr steht, streng an.

»Name?«, fragt Gabi gerade.

»Aber Gabi, du kennst mich doch!«, erwidert Frau Geier und guckt verwirrt.

»Keine Ausnahme, Gundula!«, erklärt Gabi unnachgiebig und fragt dann erneut: »Name?«

»Geier, Gundula«, antwortet Frau Geier kleinlaut. »Meine Kinder und ich kommen zur Zahnputz-Kontrolle!«

»Sehr gut, super vorbildlich und alles klar«, sagt Gabi. Mit einem schnellen Hufwinken schickt sie Familie Geier in den Warte-Schatten. Dort sitzen bereits ein Elefant und eine Hyäne.

Der Elefant: Hält sich den Stoßzahn.

Die Hyäne: Maulstarre.

»Vielleicht kann sie auch nicht zählen?«, flüstert Leonie Luis ins Ohr. Gebannt beobachten die Löwenkinder das weitere Geschehen.

Zora taucht aus dem Gepardenmaul auf, ruft: »Kontrolle beendet, alles gut«, und gibt Herrn Gepard einen Klaps auf die Schulter. (Das traut sie sich nur dienstags!) Dann winkt sie Herrn Elefant zu sich.

Doch was ist das? Sein Rüssel schlottert ja wie Savannengras bei Sturm! Hat er Angst?

Leonie und Luis spitzen die Ohren. »Zora«, stammelt der Elefant. »Ich habe töröschlimme Zahnschmerzen. Ich glaube, ich habe ein Loch im Stoßzahn!«

Zora greift nach ihrer Riesenlupe. »Tatsächlich«, murmelt die Zahnärztin.

»Loch im Zahn. Wir bohren«, sagt sie schließlich.

Leonie und Luis gucken sich an und schütteln sich dann vor Entsetzen.

»Loch im Zahn!«, haucht Luis.

»Bohren!«, raunt Leonie.

»Das ist ja schlimmer als schlimm!«, flüstert Luis.

Schlimmer als schlimm, das scheint auch der Elefant zu denken. Schon wieder flattert sein Rüssel savannengraswild.

Die Zahnärztin gibt Gabi ein Zeichen. Gazellenschnell reicht die Assistentin Zora eine Schüssel.

»Was geschieht denn jetzt?«, fragt Leonie neugierig und reckt den Löwenkopf.

Die Löwenkinder hören, wie Zora mit dem Elefanten spricht: »Du musst keine Angst haben. Ich gebe dir erst einmal Dorn-hecken-Saft. Der betäubt, das Bohren tut dann nicht weh.«

Der Elefant schlabbert die Schüssel leer. Und tatsächlich, als Zora bohrt, ruft er: »Tut nicht weh, tut überhaupt nicht weh!«

Dann ist Zora auch schon fertig. Familie Geier und die Hyäne klatschen. Gabi guckt stolz. Zora verbeugt sich. Und der Elefant sagt nun wieder stoßzahnfroh: »Danke!« Denn was WIRKLICH wehtat, war das Loch, das ihn tagelang schmerzfies geplagt hatte.

Plötzlich nimmt Leonie aus den Augenwinkeln eine Bewegung wahr.

»Papa Löwe!«, ruft sie überrascht.

Familie Geier dreht den Kopf.

Der Elefant dreht den Kopf.

Die Hyäne dreht den Kopf.

Gabi dreht den Kopf.

Zora dreht den Kopf.

»Upsi«, sagt Leonie Löwe.

Gabi guckt Papa Löwe mutig an. »Was willst du hier? Heute ist Dienstag, das weißt du, oder? Da gelten in der Savanne eigene Regeln. Kein Angriff, niemals.«

»Ja, ja«, murmelt Papa Löwe und guckt zurück. Natürlich weiß er das. Kein Angriff, niemals. Denn als König der Savanne hat Papa Löwe das Gesetz höchstpersönlich beschlossen. Selbstverständlich hält er sich auch selbst immer und stets und ohne Ausnahme daran.

Na ja, fast. Einmal hatte er Zora während der Zahnsprechstunde aus Versehen und auch nur ein kleines bisschen in den Popo gebissen. Riesenärger. Seitdem machte der Großlöwe jeden Dienstag um den achten Busch links einen großen Bogen. Sicher ist sicher.

Warum ist Papa hier?, überlegt Leonie und denkt schon wieder detektivinnenscharf: *In der Savanne stimmt was nicht!*

Laut sagt sie: »Papa, was machst du hier?«

Familie Geier starrt den Großlöwen an.

Der Elefant starrt den Großlöwen an.

Die Hyäne starrt den Großlöwen an.

Gabi starrt den Großlöwen an.

Zora starrt den Großlöwen an. (Außerdem drückt sie ihren Popo gegen den Affenbrotbaum. Sicher ist sicher.)

Und Leonie und Luis, die starren auch.

Vielleicht kennst du Angestarrtwerden ja. Dann weißt du auch, dass das ein ziemlich blödes Gefühl ist. Wie ein Stein im Schuh der beim Gehen drückt, nur noch fieser.

Auch Papa Löwe fühlt sich sichtlich unwohl. Er hüpft von einer Tatze auf die andere. »Äh, ich?«, sagt er dann, kratzt sich am Kopf, als müsste er so scharf wie Peperoni nachdenken, und murmelt dann noch einmal: »Äh, ich?«

In diesem Moment kommt von links ein fröhlich singendes

Erdferkel: »Ich liebe guten Dreck, ich liebe guten Dreck, im Dreck, im Dreck, da ist es supernett!«

Papa Löwe reagiert savannensandsturmschnell, bückt sich, packt das Erdferkel und klemmt es unter seine Achsel. »Ich«, erklärt er dann, guckt Zora, Gabi und den anderen tief in die Augen, räuspert sich zweimal und sagt: »Ich habe auf meinen Freund Erdferkel gewartet. Nun begleite ich ihn zur, äh ... äh ... Wasserstelle. Genau. Zur Wasserstelle.«

»Wasserstelle? Freund?«, ruft das Erdferkel aufgebracht. »Ich will nicht zur Wasserstelle. Ich wollte zu Zo...«

»Du wolltest zur Wasserstelle. Mit mir«, schneidet der Groß- löwe dem Erdferkel das Wort ab.

»Okay, okay, und ja, stimmt«, erwidert das Erdferkel ziem- lich eingeschüchtert. »Ich wollte zur Wasserstelle. Mit dir. Äh ... mein Freund.« Dann hebt das Erdferkel den Kopf und kichert. Plötzlich hat es keine Angst mehr, ganz im Gegenteil. Heute ist schließlich Dienstag. Und am Dienstag gilt, das weißt du ja schon: Während Zoras Sprechstunde darf Papa Löwe vor, hinter, unter, neben und rund um den achten Busch links nicht auf der Lauer liegen. Das versucht das Erdferkel jetzt auszunutzen. Es spannt seinen Körper und erklärt Papa Löwe selbstbewusst: »Und wie besprochen reite ich auf dir, lieber Papa Löwe.«

»Du machst waaaaas?«, keucht Papa Löwe.

»Ich reite auf dir«, bestätigt das Erdferkel.

»Du reitest auf, auf …«, stammelt Papa Löwe.

»… auf dir. Zum Wasserloch«, sagt das Erdferkel. »Wir können natürlich auch hierbleiben, wenn dir das lieber ist.«

»Nein, nein!«, unterbricht Papa Löwe das Erdferkel erschrocken. »Äh, ich meine ja. Natürlich reitest du auf mir.«

Das Erdferkel grinst. Es weiß zwar nicht, warum, doch dass Papa Löwe einen Grund sucht, um so schnell wie möglich hier wegzukommen, das merkt es ganz genau.

Papa Löwe lässt das Erdferkel los. Er geht in die Knie und –

hast du nicht gesehen –, springt das Erdferkel auf seinen Rücken. Es klammert sich an Papa Löwes Mähne, winkt den anderen fröhlich zu und reitet singend davon: »Ich liebe Löwenpferde, sie sind das Glück der Erde! Und auch der Savanne, ich lieb sie volle Kanne!«

Familie Geier kichert.

Der Elefant kichert.

Die Hyäne kichert.

Gabi kichert.

Zora kichert nicht. Mit gerunzelter Stirn guckt sie dem Großlöwen nachdenklich hinterher.

Und Leonie und Luis?

Die gucken sich ungläubig an. Leonie zwickt sich sogar in den Arm, weil das, was sie da eben erlebt hat, so unglaublich war, dass sie jetzt denkt, sie liegt noch im Bett und träumt. Es ist aber kein Traum.

Und so wispert Leonie erneut: »In der Savanne stimmt was nicht.«

Luis nickt und bestätigt: »In der Savanne stimmt was nicht.«

Die beiden tauschen Blicke. Mehr braucht es nicht, schon rasen sie los. Hinterher! Natürlich wollen die Löwenkinder nicht verpassen, was jetzt passiert.

Und du doch sicher auch nicht. Na, dann los, blättere um!

Leonie und Luis kommen in genau dem Moment am Wasserloch an, als das Erdferkel von Papa Löwes Rücken hüpft und »Danke für den Transport!« grunzt. Es gönnt sich drei tiefe Züge, winkt dem Großlöwen zu und ist dann – wusch – schneller verschwunden als eine Sternschnuppe am nächtlichen Savannenhimmel.

42

Nur schade, dass beim Verschwinden eines Erdferkels keine Wünsche in Erfüllung gehen. Leonie wünscht sich nämlich herauszufinden, was in der Savanne und mit Papa Löwe nicht stimmt! Denn dass etwas nicht stimmt, das ist ja wohl klar. Weil wünschen nichts bringt, muss Leonie das Rätsel selbst lösen. Ist doch detektivinnenlogisch.

Sie stupst Papa Löwe in die Seite und fragt: »Was war das denn?«

»Aber Leonie«, lacht der Großlöwe. »Das war doch kein Was! Das war doch ein Wer. Ein Erdferkel-Wer.«

»Jaja«, macht Leonie und verdreht die Augen. Papa weicht schon wieder aus! »Ich möchte aber wissen, *warum* das Erdferkel auf deinem Rücken zum Wasserloch geritten ist.«

»Na, weil es mein Freund ist«, behauptet Papa Löwe.

»Dein Freund?«, staunt Leonie.

»Ja«, sagt Papa Löwe. »Ich habe es gern.«

»Zum Fressen gern vielleicht!«, ruft Leonie.

»Fressen, uuuuuahhhh. Bäh, bäh.« Papa Löwe schüttelt seinen massigen Löwenkörper und verzieht angeekelt sein Maul. Ausgerechnet Papa Löwe, der doch alles isst! Sogar Savannengras-Schleimsuppe mit Affenbrotbaumstückchen und gesalzenen Sandflöhen. »Aua!« Papa Löwes Wangen dehnen sich erneut wie Kaugummi. Schon wieder sieht er aus wie ein Breitmaulforsch. Erschrocken fasst er sich ins Gesicht. »Oh nein!«, flüstert er dann. »Ich habe mir auf die Zunge gebissen!«

Wie bitte? Auf die Zunge gebissen? Ein Löwe? Glaubst du das? Nein?

Nun, Leonie glaubt es auch nicht. Sie wirft Luis einen vielsagenden Blick zu und setzt gerade an, etwas zu sagen.

Aber Papa Löwe lässt das Löwenmädchen nicht zu Wort kommen. »Lasst uns gehen, Löwenkinder«, sagt er. Sein Blick duldet keinen Widerspruch. Er will nur noch nach Hause. Nicht einmal seine prächtige Löwenmähne wäscht er noch im Wasserloch. Dabei macht er das sonst bei wirklich jeder Gelegenheit. Mit Lavendelshampoo. Hat er immer dabei – er ist nämlich unglaublich eitel.

Zu Hause angekommen verabschiedet sich Papa Löwe hastig mit irgendeinem lahmen Vorwand in die Höhle. Schon wieder komisch.

Leonie und Luis stecken die Köpfe zusammen, sie wollen das Rätsel unbedingt lösen! Und Leonie hat auch schon eine Idee. Sie flitzt in ihr Zimmer, reißt die mittlere Schublade der Affenbrotbaum-Kommode auf und zieht unter der roten Strickmütze mit blauem Bommel ein Ding hervor.

Halt, Stopp! Eine Strickmütze, in der Savanne? Tatsächlich war die Strickmütze ein Geschenk von Leonies Onkel Max. Onkel Max lebt in Deutschland im Tierpark und hat keine Ahnung vom Leben in der Savanne. Einmal hatte er Leonie sogar eine Riesendose Löwenfutter geschenkt, und zwar ohne Dosenöffner! Echt wahr. Doch um Onkel Max geht es jetzt nicht.

Es geht um das Ding, das Leonie in der Hand hält. Es ist ein Heft. Leonie setzt sich vor der Höhle mit Luis auf den Savannenboden, öffnet ihren Füller und schreibt in schönster Löwenschreibschrift.

45

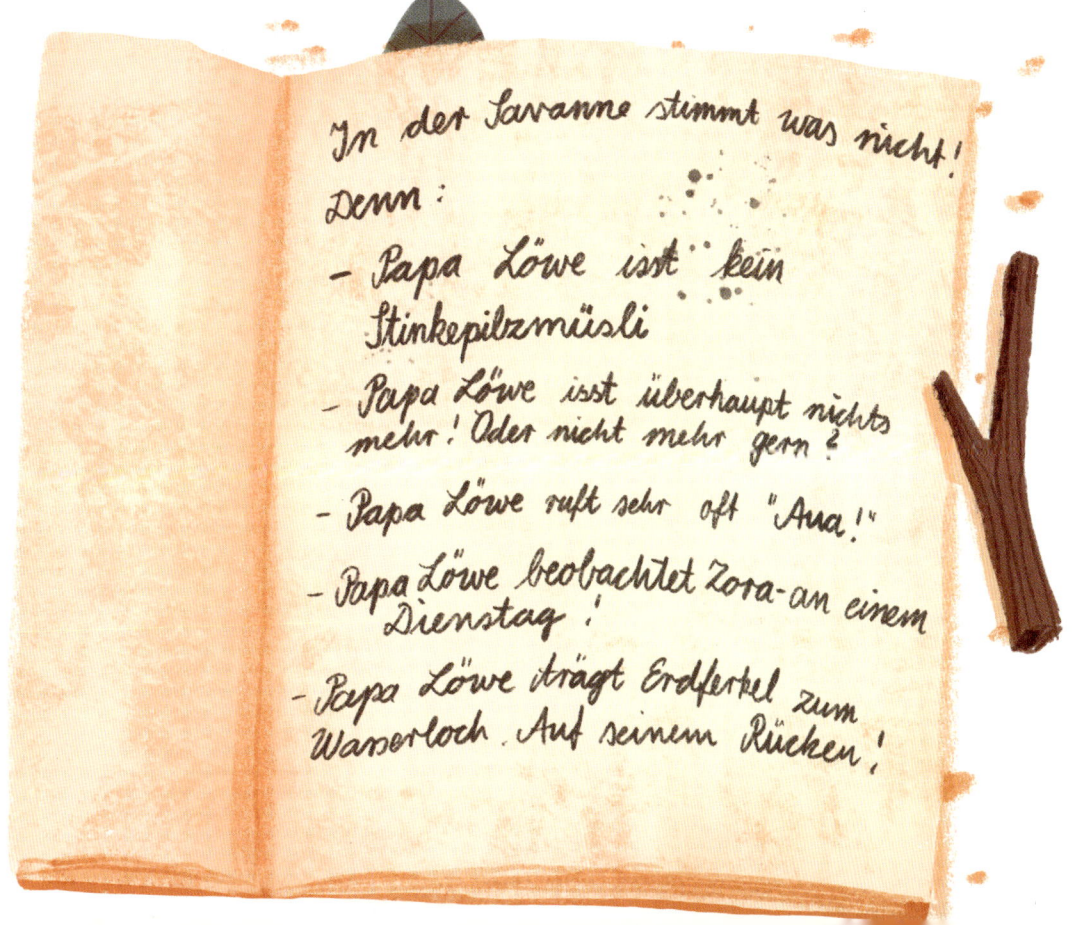

In der Savanne stimmt was nicht!
Denn:

- Papa Löwe isst kein Stinkepilzmüsli

- Papa Löwe isst überhaupt nichts mehr! Oder nicht mehr gern?

- Papa Löwe ruft sehr oft "Aua!"

- Papa Löwe beobachtet Zora-an einem Dienstag!

- Papa Löwe trägt Erdferkel zum Wasserloch. Auf seinem Rücken!

In ihrer Schultasche steckt Leonies Ich-entdecke-alles-Lupe.
Das Löwenmädchen greift danach und liest noch einmal, was sie
geschrieben hat. Dann guckt Luis durch die Lupe, dann wieder
Leonie.

Luis kratzt sich am Ohr.
Leonie zieht die Nase kraus.
Luis zieht und zupft an seinen Löwenhaaren.
Leonie runzelt die Stirn.

Doch obwohl die beiden besonders scharf nachdenken, können sie das Rätsel nicht lösen. Sie haben einfach keine Idee, warum Papa Löwe sich so seltsam verhält!

»Morgen ist auch noch ein Tag«, seufzt Leonie und verabschiedet sich von Luis. Abendessen, Zähne putzen, gute Nacht.

Und dann ist auch schon …

Mittwoch

Und am Mittwoch macht Mama Löwe große Augen, kaum, dass die Sonne über die Savannenfelsen spickt und die roten Popos der Pavian-Affen kitzelt.

»Hä?«, ruft die Großlöwin verblüfft. Dann fährt sie ihre Tatze aus und legt sie auf Leonies Stirn. Aber Leonie ist nicht heiß. »Hm«, macht Mama Löwe. »Fieber hast du nicht.« Mama Löwe wundert sich so sehr, weil sie Leonie heute zum alleralleraller-ersten Mal nicht aufwecken musste. Ganz von allein und wie aus dem Nichts steht das Löwenmädchen plötzlich neben ihr in der Küche.

»Hattest du einen Albtraum?«, bohrt Mama Löwe weiter und denkt an gefährliche Menschen. Von diesen fiesen Viechern hat sie nämlich heute Nacht geträumt! Die Großlöwin schüttelt es vor Grusel und Grauen.

»Nee, Mama«, sagt Leonie. »Ich muss nur noch was vor der Schule erledigen.«

FÜR die Schule versteht Mama Löwe, nickt glücklich und bohrt nicht weiter nach. Schließlich ist es oberlöwenfantastisch, eine fleißige Tochter zu haben!

Leonie schlingt ihr Stinkepilzmüsli mit drei großen Happsen

hinunter, springt auf, rennt – wusch – in ihr Zimmer, zieht etwas vom Nachttisch und flitzt zu Luis.

Vor Luis' Höhle versinkt Leonie vor Ungeduld fast im Erdboden. Sie tritt von einer Hintertatze auf die andere, bis Luis endlich rauskommt. Erstaunt guckt er Leonie an.

»Spielst du Cowgirl?«, fragt der Löwenjunge und deutet auf Leonies Kopf.

»Quatsch!«, ruft Leonie. »Das ist doch mein Detektivinnenhut, du Blöwe!«

Blöwe? Wie bitte? Als Blöwe, als blöder Löwe, möchte Luis natürlich kein bisschen beschimpft werden. Doch immerhin ist Leonie gut im Entschuldigung-Sagen, und so vertragen sich die beiden schnell wieder. Außerdem müssen sie doch gemeinsam ein Rätsel lösen!

Doch erst einmal: Löwenschule. Natürlich will ausgerechnet

heute die Zeit überhaupt nicht vergehen. Aber dann ist es endlich so weit: Ring, der Schulglocken-Affe, schlägt kräftig die Kokosnüsse: DONG, DONG, DONG. Die Schule ist aus! Und damit …

»… fängt unsere Detektivinnenarbeit an!«, ruft Leonie.

»Was machen denn Detektivinnen und Detektive?«, will Luis wissen.

»Sie beobachten den Verdächtigen«, klärt das Löwenmädchen ihren Freund auf.

Doch um Papa Löwe zu beobachten, müssen sie ihn erst einmal finden.

Leonie und Luis rennen zum Wasserloch. Doch da plitscht und platscht nur Familie Büffel. Danach geht's zum achten Busch links. Doch da steckt nur ein Strauß den Kopf in den Sand. Plötzlich hat Leonie eine Idee. Sie zieht ihre Ich-entdecke-alles-Lupe aus der Schultasche und hält sie knapp über den Boden.

»Genial!«, ruft Luis. »Jetzt können wir Tierspuren lesen!«

Und das machen Leonie und Luis dann auch.

»Gazelle!«, ruft Luis.

»Warzenschwein!«, ruft Leonie.

»Giraffe!«, ruft Luis.

»Nilgans!«, ruft Leonie.

Und dann: »Löwe! Löwe! Löwe!«

Die zwei sausen los, immer der Spur nach, so schnell ihre Löwenpfoten sie tragen. Und das ist ziemlich schnell, kann ich dir sagen. Ein Löwe schafft 80 km/h. Das ist nicht ganz, aber doch beinahe so schnell, wie ein Auto auf einer Landstraße fährt.

Lange aber müssen die zwei Löwenkinder nicht rennen, denn im Schatten eines Köcherbaums steht Papa Löwe und unterhält sich mit …

»Gabi!«, ruft Leonie Löwe überrascht aus. Erschrocken hält sie sich die Tatze vor den Mund. Doch Papa und die Gazelle sind so sehr in ihr Gespräch vertieft, dass sie die Löwenkinder nicht bemerken. Flink ducken die beiden sich hinter einen Stein. Was sie dann sehen, lässt ihre Augen groß werden wie den Vollmond am Nachthimmel.

Gabi klappt einen Liegestuhl auf.

Papa Löwe klappt einen Sonnenschirm auf.

Gabi sinkt mit einem wohligen Seufzer in den Liegestuhl.

Papa Löwe stellt den Sonnenschirm so neben den Liegestuhl, dass Gabi im Schatten liegt. Doch die wedelt permanent mit den Hufen.

»Mehr dahin!«, ruft Zoras Assistentin. Aber kaum steht der Sonnenschirm dort, befiehlt sie: »Nein, doch mehr dahin!«

So geht das eine ganze Weile. Immer und immer wieder muss Papa Löwe den Schirm neu platzieren, bis Gabi endlich mit einem schnellen Kopfnicken zeigt, dass sie zufrieden ist.

Nun setzt Papa sich vor dem Sonnenstuhl in den Savannensand und – massiert Gabis Beine!

»Waaaaas?«, keucht Leonie.

»Waaaaas?«, staunt Luis.

Die Löwenkinder reiben sich die Augen. Doch es stimmt: Papa Löwe massiert Gabi Gazelles Beine! Und es kommt noch dicker. Denn jetzt steht Papa Löwe auf, gießt Wasser in einen Topf, stellt den Topf auf einen Kocher und wartet, bis das Wasser blubbert. Dann gibt er zwei Beutel in eine Kanne und gießt das Wasser darüber.

»Tee?«, flüstert Luis.

»Tee«, bestätigt Leonie.

An einem normalen Tag würde Leonie zu Papa flitzen und ihn fragen, was da vor sich geht. Aber Gabi ist immer so streng. Vor ihr möchte Leonie Papa Löwe nicht ansprechen, das ist doch klar. Sie wird ihn in der Löwenhöhle befragen! Danach wird sie ihr Wissen in ihr Detektivinnenbuch eintragen. Und so das Rätsel lösen. Leonie zieht Luis am Arm: Ab nach Hause!

Immer noch Mittwoch

Doch Papa Löwe kommt weder zum Mittagessen noch zum Abendessen.

»Jagdfieber«, sagt Mama Löwe, aber das glaubt Leonie nicht.

Als es ans Zähne-Nachputzen geht, ist Papa Löwe immer noch nicht zu Hause. Doch das ist dann für einen Moment überhaupt nicht mehr wichtig. Ich weiß ja nicht, wie es dir geht, aber Leonie liiiiiebt Zähne-Nachputzen. Du auch? Ja? Nein? Pssst, ich verrate dir Leonies Tricks! Oder eher die von Mama Löwe, denn sie ist es ja, die nun mit der Warzenschweinborsten-Zahnbürste vor Leonies aufgerissenem Löwenmaul steht.

Zuerst behauptet die Großlöwin, dass alle möglichen und unmöglichen Gestalten in Leonies Mund wohnen und durch ihre Reißzähne schleichen. Und die putzt sie jetzt raus.

»Oma Löwe mit Blumenhut und Ritterrüstung?«, fragt Mama Löwe.

»Erwischt!«, kichert Leonie

»Und raus!«, ruft Mama Löwe und putzt und schrubbt.

»Tante Tiger im Ballettrock?«, fragt Mama Löwe.

»Erwischt!«, gluckst Leonie.

»Und raus!«, ruft Mama Löwe und schrubbt und wischt.

»Eine Giraffe im Taucheranzug?«, fragt Mama Löwe.

»Erwischt!«, lacht Leonie.

»Und raus!«, ruft Mama Löwe und wischt und bürstet.

Danach verwandelt sich Leonies Zahnbürste in eine Hexe.

Mama Löwe singt:

»Krötenspeck und Wolkengras,

Huch, hier ist ja alles nass!

Sauber sei dein Mund!

Denn das ist gesund! Hex, hex!«

Dann wird die Zahnbürste zu einem Piraten:

»Ich bin der olle Watz!

Ich suche einen Schatz!

Ich suche hinterm Backenzahn!

Das ist ein prima Platz.«

Natürlich ist auch Sassi zur Stelle und zählt währenddessen schildkrötenexakt bis 180.

»Fertig!«, ruft Sassi.

»Fertig!«, ruft auch Leonie, huscht aus dem Bad und in ihr Bett.

Zack, Glühwürmchenlicht an. Und in diesem Moment steckt Papa Löwe endlich seinen Kopf in Leonies Zimmer und fragt:

»Soll ich dir eine Gutenachtgeschichte vorlesen?«

»Juhu und ja!«, jubelt Leonie laut. Leise denkt sie: *Sobald Papa zu Ende gelesen hat, frage ich nach seinem Geheimnis.*

Der Großlöwe setzt sich neben Leonies Bett, nimmt das Buch

vom Nachttisch, reißt sein Maul auf und liest: »Es war einmal …«
Weiter kommt er nicht.

»Iiiiiihhhhiiii!«, brüllt Anton.

»Iiiiiihhhhiiii«, brüllt
auch Emma. Doch

die Glühwürm-
chen brüllen nicht
nur, sie prusten
und schnaufen,
husten, hecheln
und krächzen und
halten sich die Nasen
zu. Dann – wusch –
fliegen sie aus Leonies
Zimmer.

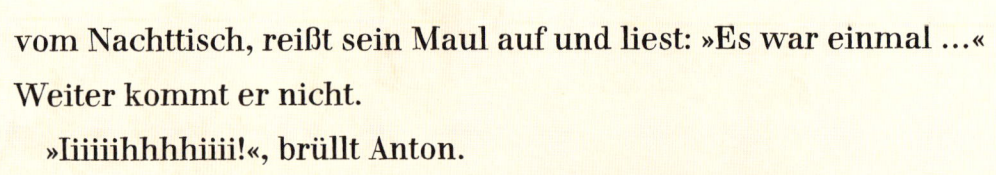

Und - wusch - fliegt auch Papa Löwe aus Leonies Zimmer.
Fliegt? Quatsch. Er flieht natürlich! Aber Papa Löwe flieht so
schnell, als würde er tatsächlich fliegen.

Jetzt versteht Leonie überhaupt nichts mehr. Auf ihre Glüh-
würmchen war doch immer Verlass. Noch nie
haben Anton und Emma ihre Arbeit verwei-
gert. »Grrrrrr! Jetzt reicht es aber! Ich will
jetzt sofort wissen, was in der Savanne
nicht stimmt!«, ruft sie.

Blitzschnell hüpft sie aus dem Bett.

Blitzschnell greift sie nach ihrer Ich-entdecke-alles-Lupe. Blitzschnell setzt sie ihren Detektivinnenhut auf den Kopf. Jetzt wird sie Papa stellen!

Leonie rennt aus ihrem Zimmer in den Flur. Da, ein Geräusch! Leonie weiß genau, woher es kommt. Vorsichtig öffnet das Löwenmädchen die Badezimmertür und …

Oh nein! Was ist denn das?

Papa Löwe steht wie angewurzelt im Badezimmer und starrt mit angstgroßen Augen auf ein winzigkleines Etwas.

Na klar, auf eine Maus, könntest du jetzt denken. Denn bekanntlich haben Löwen Angst vor Mäusen. Wenn sie eine sehen, heißt es: Rauf auf den Stuhl und so was von loskreischen! Oder glaubst du, Papa Löwe hat einen fiesen Tomatensoßenfleck auf seinem Pulli entdeckt? Doch das ist es nicht. Es ist etwas ganz und gar anderes und absolut Unglaubliches, das Papa Löwe Angst macht, und zwar …

»… eine Zahnbürste!«, japst Leonie und reißt vor Überraschung ihr Maul auf. Kann es tatsächlich sein, dass Papa Löwe sich vor seiner Zahnbürste fürchtet?

Doch plötzlich ist Leonie alles klar: Papa Löwe hat keine Angst vor der Zahnbürste, er hat Angst vor dem Zähneputzen!

Und damit hat Leonie das Rätsel gelöst. Oder?

Weil Papa Angst vor dem Zähneputzen hat, putzt er seine Zähne einfach nicht mehr.

Weil er seine Zähne nicht mehr putzt, müffelt er aus dem Maul. Kein Wunder, dass Emma und Anton eben »Iiiiiihhhhiiii!« gebrüllt haben und abgedüst sind.

Und weil Papa Löwe seine Zähne nicht mehr putzt, hat er nun Zahnschmerzen!

Jetzt ergibt alles Sinn! Wegen der Zahnschmerzen:

- isst Papa Löwe kein Stinkepilzmüsli und überhaupt nichts mehr!
- ruft Papa Löwe sehr oft: »Aua!«
- beobachtet Papa Löwe Zora – an einem Dienstag! Sie soll ihn in der Savannensprechstunde untersuchen.
- trägt Papa Löwe Erdferkel zum Wasserloch. Auf seinem Rücken! Es soll nichts verraten.

Papa Löwe braucht ihre Hilfe!

»Papa«, ruft Leonie. »Du hast ANGST vorm Zähneputzen!«

Papa Löwe guckt Leonie überrascht an. »Aaaaaangst?«, sagt er gedehnt. »Ich habe keine Angst. Ich habe vielleicht manchmal keine Lust aufs Zähneputzen, aber …«

»Aber Papa, Zähneputzen muss sein! Da gibt es überhaupt keine Diskussion«, entgegnet Leonie entschieden. Sie stemmt die Pfoten in die Hüften und guckt löwenelternstreng.

»Selbstverständlichnatürlichundimmer putze ich meine Zähne. Jeden Abend. Jeden Morgen. Auch mit ohne Lust. Bis 180. KAI-System. Kauflächen. Außenflächen. Innenflächen. Und *trotzdem* habe ich jetzt ZAHNWEH!«, heult Papa Löwe. »Und weil ich Zahnweh habe, kann ich die Zähne nicht mehr putzen. Es ist so furchtbar! Zähneputzen tut weh. Essen tut weh. Alles tut weh.«

65

Oje. Armer Papa Löwe.

Doch eins ist jetzt natürlich klar: »Wir brauchen einen Plan!«, beschließt Leonie.

»Einen Plan?«, fragt Papa und guckt Leonie verdutzt an. »Warum einen Plan? Was für einen Plan?«

»Ich werde dich von deinem Zahnweh befreien«, erklärt Leonie. »Und ich weiß auch schon, wie: Ich ziehe dir deinen wehen Zahn!«

Papa Löwes Gesicht wird rot. Dann grün. Dann weiß. »Du machst was?« stottert er.

»Ich ziehe dir deinen Zahn!«, bestätigt Leonie. »Wir binden einen Faden drum, du steigst auf den höchsten Affenbrotbaum und springst. Rumms, Zahn raus.«

»Rr-rr-rumms, Zz-zz-zahn raus?«, stottert Papa Löwe. Dann schüttelt er heftig den Kopf. Vorschlag abgelehnt, Höhenangst.

»Okay«, sagt Leonie. »Dann hole ich eine Zange. Krrrrtsch …«

»... Zahn raus«, vollendet Papa Löwe den Satz. Dann schüttelt er heftig den Kopf. Vorschlag abgelehnt, Krrrrtsch-Angst.

»Hemhemhemhemhem.« Sassi, die Schildkröte, streckt den Kopf aus dem Schildkrötenpanzer, räuspert sich erneut, »hem-hemhemhemhem«, und sagt dann, als Leonie und Papa Löwe endlich gucken, exakt zwei Worte: »Zora Zebra.«

Doch Papa Löwe lässt den Kopf hängen. Dann seufzt er. Einmal. Zweimal. Und dann noch ein drittes Mal. Das genügt. Der Großlöwe hat sich ausreichend Mut angeseufzt und gibt jetzt zu: »Ich fürchte mich vor Zora Zebra.«

Leonie staunt. »Du fürchtest dich vor einem Zebra?«

»Nicht vor einem Zebra. Vor diesem Zebra. Ich habe Angst vor der Zahnärztin. Löwenmaulgegucke und Löwenzahngebohre – das tut doch fies weh!«

»Ha!«, ruft Leonie detektivinnenschlau. »Darum hast du Gabi die Beine massiert! Du wolltest der Gazelle Tipps gegen deine Schmerzen entlocken!«

»Ähm, ja. Also ja. Also, ähm«, sagt Papa Löwe.

»Jetzt reicht es!«, ruft plötzlich Mama Löwe. »Ich hole Zora Zebra.«

Fast schon Donnerstag

»Name?«, fragt Gabi Gazelle.

»Aber Gabi, du kennst mich doch!«, erwidert Papa Löwe und guckt verwirrt.

»Keine Ausnahme, Chef!«, erklärt Gabi streng und fragt dann erneut: »Name?«

»Löwe, Papa«, antwortet Papa Löwe.

»Versicherungskarte, bitte«, sagt Gabi Gazelle dann. Sie guckt nun nicht mehr nur streng, sondern auch böse, und sie findet, dass sie absolut allen Grund hat. Denn als vor wenigen Minuten Mama Löwe und Zora Zebra bei ihr klopften, hatte sie schon Wollsocken und ihr hellblaues Blümchennachthemd an und lag mit einer Tasse Savannengras-Tee im einen und einem Detektivroman im anderen Huf auf dem Sofa.

Doch dann: DONG, DONG, DONG, Notfall! Husch, husch, Hufe hoch und mitkommen!

Aber das war noch nicht einmal das Schlimmste. Irgendwie hatte Zora spitzgekriegt, dass der Großlöwe in seiner großen Zahnwehnot Gabi aufgesucht hatte.

Und Gabi, Zoras eigentlich doch prima Assistentin, hatte Papa Löwe nicht, kein bisschen und rein gar nicht zu ihr, der Zahnärztin, geschickt. Nein! Gabi hatte den Löwen bitten und betteln lassen – mit einer Massage! Ui, das gab aber ein mächtiges Machtwort von Zora, kann ich dir sagen. (Und pssst! Eins kann ich dir auch noch sagen: Ein bisschen verstehe ich Gabi. Immerhin ist Papa Löwe ein Gazellenjäger. Da war es einfach eine Wohltat, einmal nicht gejagt, sondern savannenchefinnengleich massiert zu werden.)

Doch jetzt nickt Zora ihrer Assistentin zu, und sagt dann ebenfalls zu Papa Löwe: »Deine Versicherungskarte, bitte.«

»Was soll das denn sein?«, will der Großlöwe wissen.

»Du musst versichern, dass du uns nicht in den Popo beißt. Und nicht in den Schenkel. Und nicht ins Bein«, klärt Zora Papa Löwe auf. »Bitte auf dieser Karte hier unterschreiben. Und dann: Tatze drauf.«

Genau so geschieht es, und schon im nächsten Moment kneift Papa Löwe die Augen zu und reißt sein Maul auf.

»Halt! Stopp! Moment! Nicht so schnell!«, ruft die Zahnärztin. »Ich muss noch etwas wissen.«

Schnapp-klapp. Löwenmaul zu.

»Warum bist du während der Savannen-Sprechstunde weggelaufen?«

Papa Löwe schiebt das Kinn vor. Das macht er eigentlich, wenn er auf Streit aus ist. Aber jetzt lässt er plötzlich die Schultern hängen und guckt zu Boden.

71

»Ich hatte Angst«, presst Papa Löwe zwischen seinen Fangzähnen hervor.

»Du hattest was?«, hakt Zora nach.

»Ich hatte Angst«, brüllt Papa Löwe.

»Ein Löwe und Angst?«, fragt Zora.

»Ein Löwe und Angst«, bestätigt Papa Löwe. »Und ein Papa und Angst. Und zwar eine unglaublich riesenberghohe und mausgroße Angst.«

»Aber Papa Löwe«, will Zora wissen, »wovor hattest du denn eine riesenberghohe und mausgroße Angst?«

»Na, vor deinem Bohrer!«, ruft Papa Löwe. »Ich dachte: Bohren tut weh. Aber jetzt tut es von ganz alleine weh. Ich kann nichts mehr essen. Ich kann nicht mehr schlafen. Ich kann nicht mehr Zähne putzen. Und ich müffle aus dem Mund! Es ist schreeeeeecklich!«

»Und außerdem habe ich mich geschämt«, platzt Papa Löwe plötzlich heraus. Jetzt, wo er schon einmal dabei ist, kann er auch alles erzählen, denkt der Großlöwe.

»Du hast dich geschämt?«, fragt Leonie überrascht. »Warum denn das?«

»Na, weil ich ein Loch im Zahn habe! Und wer ein Loch im Zahn hat, hat nicht ordentlich geputzt. Faullöwe. Peinlich, peinlich. Und das als König der Savanne!«

»Und dann haben dich auch noch alle angestarrt«, sagt Zora.

»Und dann haben mich auch noch alle angestarrt«, bestätigt Papa Löwe.

Zora zieht zuerst ihren Kopf und dann ihre Hufe aus dem Löwenmaul.

»Klarer Fall«, sagt die Zahnärztin.

»Klarer Fall von Riesenloch?«, haucht Papa Löwe mit zittriger Stimme.

»Klarer Fall von kein Loch«, erklärt Zora. 73

»Kein Loch?«, hakt Papa Löwe nach.

»Kein Loch«, bestätigt Zora.

»Aber wie kann das sein?«, ruft Papa Löwe.

»So kann das sein«, erklärt Zora Zebra und hält ein braunes Etwas in die Luft. »Weißt du, was das ist?«

»Das ist ein Affenbrotbaumstück!«, staunt Papa Löwe.

»Genau!«, gibt Zora Papa Löwe recht. »Und dieses Affenbrotbaumstück habe ich eben aus deinem Mund geholt.
Hinterer Zahn rechts, total verklemmt. Es hat in
dein Zahnfleisch gepikst. Böse entzündet.«

Da brüllt Papa so laut, dass Gabis Hörner zit-
tern und die Regentonnen im Küchenschrank
klirren: »GRRRRRR! Diese verflixte Savannengras-
Schleimsuppe mit Affenbrotbaumstückchen und
gesalzenen Sandflöhen!«, schimpft Papa Löwe.

Die Suppe war tatsächlich die Übeltäterin. Aber psssst, ich
weiß noch etwas: Manchmal … Halt, stopp, das kann doch Zora
viel besser erklären:

»Manchmal«, sagt Zora Zebra, »kriegt man Zahnweh,
OBWOHL man die Zähne gut geputzt hat. Weil sich was verklemmt oder entzündet hat oder ein Zahn empfindlicher ist als
andere. Und ja, das gibt es auch, manchmal ist da ein Loch.
Manchmal kriegt man Zahnweh, weil man DENKT, man hätte
die Zähne gut geputzt, das aber TATSÄCHLICH nicht gemacht
hat. Doch egal was es ist: Du kommst dann zu mir, Papa Löwe,
hörst du? Ich lache dich nicht aus. Und weh tut es auch nicht
doll, denn ich habe Gabi und Gabi hat Wundermedizin.«

Donnerstag

Neben der Löwenhöhle steht ein Liegestuhl. In dem Liegestuhl liegt Gabi Gazelle. Vor dem Liegestuhl steht Papa Löwe und massiert …

Wie bitte? Halt und stopp und das gibt's doch nicht!

Doch, das gibt es: Gabi liegt WIRKLICH im Liegestuhl neben der Löwenhöhle und Papa Löwe massiert ihre Beine!

Oh nein! Papa Löwe hat schon wieder – oder immer noch? – löwenschrecklich-fies-gemeine Zahnschmerzen.

Liebe, liebe Gabi, denk an dein Versprechen! Und jetzt: Los, los, bring ihn zu Zora, die ihm helfen kann.

Oder hat der Großlöwe etwa schon wieder mausgroße Riesenangst vor der Zahnärztin?

Leonie und Luis grinsen. Die beiden Löwenkinder wissen es besser. Eine ganze Nacht und einen halben Tag lang war Gabi Gazelle durch die beinahe unendliche Savanne geflitzt, auf der Suche nach dem Zahnfleisch-heile-Kraut, das Zora Zebra so dringend für Papa Löwes entzündete Stelle brauchte.

Und jetzt? Jetzt bedankt sich Papa Löwe natürlich.

»In der Savanne stimmt was nicht!«, ruft Leonie, rückt ihren Detektivinnenhut gerade, kichert und guckt dann auf den

Löwen, der einer Gazelle die Beine massiert, ihr Lavendeltee kocht. Und den Sonnenschirm so lange platziert, bis sie nickt und glücklich lächelt. Aber das ist diesmal ausnahmsweise total in Ordnung.

76

Madlen Ottenschläger hat keinen Detektivinnenhut auf dem Kopf, aber eine Detektivin *im* Kopf. Entdeckt sie zwischen Einkaufslisten und noch viel mehr Alltags-Kram eine Geschichten-Idee, lässt sie nicht mehr locker. So lange, bis Madlen die Geschichte aufschreibt. Mit der Geschichten-Detektivin, ihrem Mann und ihren zwei Kindern lebt Madlen am Rand der Schwäbischen Alb, in der Nähe von Ulm. Sie studierte Politik, Soziologie, Literatur und Kommunikationswissenschaft in München und besuchte die Deutsche Journalistenschule. Nach einigen Jahren als Redakteurin für „Brigitte" arbeitet sie heute frei, seit 2022 überwiegend als Kinderbuchautorin.

Andrea Stegmaier hat keine Detektivinnen-Lupe in der Hand, aber einen Stift. Damit hält sie kleine Alltags-Erlebnisse und löwengroße Geschichten fest. Sobald sie eine Bild-Idee hat, zeichnet sie diese ganz schnell in ihr Skizzenheft. Nur, wo hat sie das schon wieder hingelegt? Dann tauscht sie den Stift gegen eine Lupe und macht sich auf die Suche. Mit ganz vielen Stiften, ihrem Mann und ihren zwei Kindern lebt Andrea in Stuttgart. Sie studierte Psychologie, Germanistik, Kunstgeschichte und Architektur. Nach einigen Jahren als angestellte Architektin arbeitet sie heute als Illustratorin.